INKONDLO, LEZAGA, LAMAZWI AHLAKANIPHILEYO
ZULU & NDEBELE

DR. SABELO SAM GASELA MHLANGA

INKONDLO, LEZAGA, LAMAZWI AHLAKANIPHILEYO, LENGANEKWANA

DR. SABELO SAM GASELA MHLANGA

ISBN: PB 979-8-9899221-7-8
ISBN: HB 979-8-9899221-8-5

Independently Published by: Dr Sabelo Sam Mhlanga

Due to the dynamic nature of the Internet, any web addresses or links included in this book may have changed since publication and may no longer be valid. The views expressed in this work are solely those of the author and do not necessarily reflect the views of the publisher, and the publisher hereby disclaims any.

CONTENT

INKATHA

Ugwalo lolu lumumethe izaga lamazwi ahlakaniphileyo labantwana emuzini abenza ukuthi umuzi ume uqine ubeyisika kumahlabezulu. Ugwalo lolu ngilunika ihlonipho enkulu kukhulu uMabuto Gasela, Mhlanga, Nzima, Mjamasi, Ukhebesa, uMusi, umzilwa kawulandelwa ungawulandela uyazibambelela. UMabuto Gasela wayevela eHope Fountain Mission eyaqala ngomnyaka ka1870. UMabutho wasebenza lecawu lelo iUnited Congregational Church of Southern Africa, (UCCSA), elavela kuLondon Missionary Society (LMS). Wasebenza njengomtshumayeli wevangeli esiyafika eNyamendlovu, eliqhuqhumbisa ivangeli. Wayiphutsha indima yakhe, waze walala ngokuthula ngo 1958. Ngiyambonga ukhulu wami uMabuto Gasela Mhlanga ngomsebenzi ongaka esebenzela iNkosi. Lami ngalandela umzila wakhe okubangumfundisi ngitshumayela ivangeli.

Ugwalo lolu ngilunikeza udumo ku Joseph Gasela Mhlanga, ubaba owangizalayo, lomama uJosephine Nyathi Gasela Mhlanga owangizalayo. Kanye labafowethu, labodadewethu, okugoqela, uErnest, Siphelile, Alexander, Joshua, Gladys, Nanatsho, Mavis, Senzeni, Sithabile, Sabelo, Zenzo, Sipho loDuuduzile. Ugwalo lolu nginika inhlonipho kunkosikazi yami, uJudith Gasela Mhlanga, labantwabami, uQhawelenkosi, Sinqobile, Thandolwenkosi, Nkosilathi, lo Joseph Nkosana Gasela Mhlanga, lomalukazana wethu uQondile Roxanne Pamela Gasela Mhlanga. Ugwalo lolu ngilunikeza AmaNdebele laMaZulu lapha esavela khona njengoMthwakazi kaZulu.

Ugwalo lolu lumumethe njalo imbali yempi yenkululeko, Izangelo zakwethu, ukuqakatheka kuka Baba, uMama, aBantwana emuzini wesintu, leZaga Lamazwi Ahlakaniphileyo. Ugwalo lolu luyahlabusa njalo lukhuthaza njalo likukhumbuze inhlala yayizolo. Inganekwana zizokwethwa kulolugwalo. Kasihlaleni phanzi sigoqe inyawo abanye benabe sothe umlilo, siwose umumbu eziko sidle amakhomane, lemfe, amathanga lamazambane, silalele sithule sithi zwi sizwe uluju oluvela esintwini sakwethu samahlabezulu.

GRANDFATHER-MABUTO GASELA MHLANGA (1862-1858)

At the opening in 1955 of the Mangwe Pass Memorial to the first Missionaries, hunters and traders who passed that w[...] into Southern Rhodesia.

l . to R.—Rev. G. R. Griffiths, L.M.S. missionary, Hope Fountain; Mr. Mabuto Gasela; Messrs. Matchina Ndi[...] nd Matsheketshe Mkandla—builders of the Inyati and Hope Fountain churches—trained under Mr. G. X. Wilke[...] Mrs. Jessie Lovemore, daughter of Rev. C. D. Helm of Hope Fountain; the Rt. Hon. Sir Robert Tredgold, great-gran[...] Robert Moffat. (In background, Mr. Peter Mahlangu, B.A.)

(*Mr. Mabuto Gasela UCCSA Evangelist-Missionary*)

NAMUHLA KUYIZOLO

Namuhla kuyi zolo!
Ngithi namuhla, kuyizolo, wena wazalwa izolo
Umhlaba wazalwa izolo, ilanga, inynga le nkanyezi zakhwa izolo!
Akula lutho olwanamuhla!

Namuhla kuyizolo, uMdeni wakwenu wabakhona ngayizolo!
Unyoko, uyihlo wakho, ugogo, ukhulu wakho, wazalwa izolo!
Izihlobo zakho, izinini zakho, lembali yakho ngeyayizolo!

Namuhla Kuyizolo, konke nje ngokwayizolo! Akula okwanamuhla!
Inkululeko yelizwe, ibuye izolo, akula okwanamuhla!
Umvelinqangi wadala izulu lomhlaba izolo, hatshi lamuhla!
Ngithi lamuhla kuyizolo, okwayizolo kuyaphila! Okwanamuhla akuphili!

Namuhla kuyizolo, izifudlana sokuyizifula, abantukazana sebekhomba
ngophakathi!
Izintandana sezinga makhosi, Amokhosi sekungabantukazana!
Namuhla kuyizolo, Izinothi seziyiziphepheli! Izihlakaniphi sokuyiziwula,
ababehamba ngengolovani sebehamba ngendizamtshina! Namuhla
kuyizolo!

Namuhla kuyizolo, umhlaba usuphendukile, izintombi sezingamajaha,
amajaha sezizintombi! Umhlaba suguqukile, yiphinda baphendule,
inhlonipho sekuyi lihlo lentwana! Namuhla kuyizolo!
Abantwana sebengabazali, abazali sekuzingane ezingcindwayo! Lamuhla
kuyizolo!
Abafundi sebengababalisi, Ababalisi sebengabafundi, Namuhla kuyizolo!

Ogogo sebezintombi, izintombi sebeyingimba zabadala, Namuhla kuyizolo!
Insane sezi lamalungelo adlula ezabadala, abazala sebebotshwe izandla, Namuhla kuyizolo!
Abasalayeki, ungabathaya ngoswazi kuthi uyabahlukumeza okengekho emthethweni, Namuhla kuyizolo! Umhlaba usuphendukile! Namuhla kuyizolo!

`Namuhla kuyizolo! Ukwanda kwaliwa ngabathakathi, umhlaba sowaphenduka, senzeni na mthwakazi kandaba! Yinkisela yendingimba yendaba, Namuhla kuyizolo!

UMAMA NGUMTHOMBA WOTHANDO

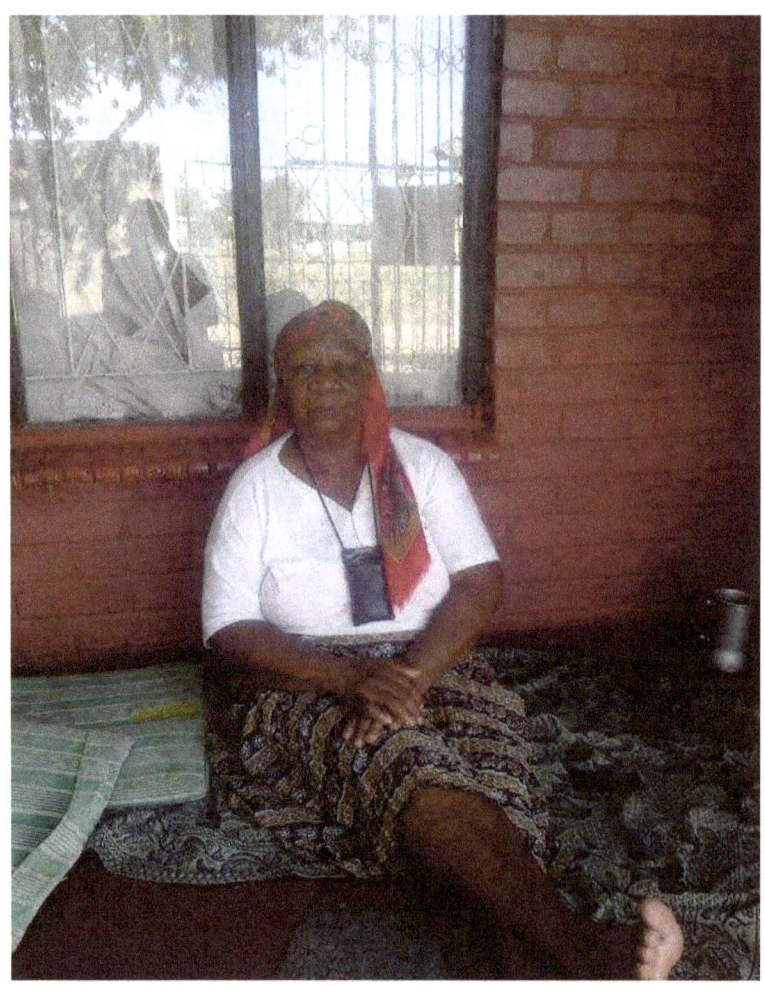

UMama, Josephine Mankaza Nyathi Gasela Mhlanga (1938-2019).

Wahelelwa umama phakathi kwamabili! Waklabalala ngokuhelelwa emadabukakusa! Ingane yakhihlika indokusakusa isifiphele ngemisebe elanga ilanga seliphuma! Kwezwakala, "Amhlophe!" "Ngawethu sonke!" watsho umama izinyembezi zihlengezela zentokozo zisehla! Intokozo yagcwala inhliziyo kamama, uMaNyathi!

Umama lengane yakhe babumbana njengekatha! Uthando lukamama lengane yakhe lagoqana! Umama wamunyisa umntwan'khe ngothando olujulileyo! Ingane yamunya isisu sabanjengo nanane! Umama watshaya isathongwane lengane bendawonye! Kwazwakala ukuhoqa kuphela njenge dlamehlo! Ingane yalinkunkuluza ubisi lika nina mihla lemihla laze laqina saka njenge mbongolo!

Wakhulisa umama ingane yakhe, uthando lwavutha, uthando lukamama ngumthondo! Yakhula ingane, umama wabalezinye izingane, zilandelana zaze zaba litshumi! Umuzi wathi wathalala ngengane, lobaba wezingane ekhonapho! Zakhula izingane zonke umama ezinanakela okwamagana! Zenza izifundo zazo, abanye babo babazikhwincamfundo halala!

Uthando lukamama lwavutha kusiya pambili, lanxa ingane sezikhulile, ezinye zathatha amakhozikazi, ezinye zaya emendweni! Uthando lukama lubanzi njalo lujulile! Uthando luka mama luyagombolozela, lize lithande lezizukulwane! Uthando lukamama luyaphehla njalo kalukhathali! Uthando luka mama lubanzi njalo lujulile!

Uthando lukamama, luyavutha, lubanzi njalo lujulile! Lanxa ewondlile, wakhulisa, lanxa abantwana sebekhulile, kumbe bemhlamukela benga samnazi lakancane, uthando luka mama lubanzi njalo lujulile! Uthando lukamama luyaxolela njalo luya nakakela! Lanxa umntwana engaphaphatheka ehambe lamazwe, uthando lukamama luyamemeza ukuthi ebuye ekhaya umntwana eze kumama olothando olungapheliyo!

Uthando luka mama lubanzi njalo lujulie! Uthando lukamama luqhubeka lakubaba womuzi! Lanxa umnini muzi engabaleka emzini wakhe, ethathe omunye umfazi eceleni, lanxa kunzima ukuthethelela umuntu okonileyo, umama uyathethelela nxa umkakhe engaphenduka ngoxolo! Umveliqangi wadala owesifazana, wamnikeza isihelo, lothando oluphezulu!

Umhlaba wonke jikelele kawuhlonipha owesifazana! Umama ngumthombo wothando emhlabeni wonke! Bayethe mama MaNyathi! Bayethe maNdluli! Uyesabeka, uthandolwakho mama lujulile! Uthando lwakho nsikabayitshiye lubanzi! Kahlonitshwe umama, kaphakanyiswe owesifazana! Umama ngumthombo wothando ulumangalisayo! Bayethe Mama!

IMPI YENKULULEKO YEZIMBABWE

Mr. Robert G. Mugabe & Dr. Joshua Q. Nkomo
Amaqhawe Awakhulula ilizwe leZimbabwe Independence

Zimbabwe Flag

Statue of Unknown Soldier

Aqubungana amayezi libalele lithebhaxa ilanga ngezansi yempumalanga yekwaBulawayo!

Kwazwakalaa iqhawe elingaziwayo! Abamhlophe bebusa bekhomba ngophakathi! Bengazi ukuthi iqhawe lizelwe esiqintini! Bakhala amahlabezulu bangaqgize qhakala! Abensundu babedliswa imbuya ngoluthi, beyizigqili, abamhlophe bekloloda, beqhikiza, bentantalaza emigwaqeni abazenzela wona! Bethi abensundu asibobantu, zinyamazana, izinanakazana zeganga! Bethi inotho lomhlabathi awusiwo wabo ngowabe lungu! Bengakwazi ukuthi kababuzanga elangeni!

Abakamthwakazi baqoqana, belandela umzila kaLobhengula awala ukudla amathe ebhunu, isitha esavela ezizweni! Umthwakazi waqoqana, empulanga, lentshonalanga, ezansi le nyakatho! Bavungama abantwana beNkosi! Batshiya imizi yabo, imuli zabo, izihlobo, inotho zabo, lezikolo! Bayala ukudonswa ngamakhala njengembongolo! Bathi hatshi bo kasisongo elingakhaliyo!

Amaqhawe ethu aye esechaphile ebalekela ubucuku ekhaya! Baya eBotswana, eZambia, eTanzania le Mozambique! Abadala, lamajaha lezintombi, lengane zakhuphuka ngobonengi babo! Lahabula ibhunu libona inengi lifulathela ilizwe libhedile besiyathatha izikhali, lizolwisana lessiitha! Baqoqana, bahlelana, byaathatha izikhali, babuye ekhaya sebethwele izikhali ezimangalisayo, benikwe ngamanye amazwe ababebona ucuku elizweni leZimbabwe.

Amazwe afanana lele Russia, China kanye lamazwe jikelele anika izikhala amabutho eZimbabwe, iZIPRA leZANLA. Bahloma amabutho alibhekisa kweleZimbabwe besiyatshaya isibhamu, bechithiza umbuso wamabhunu obandlululo! Zakhala izibhamu, lathithibala ibhunu, lakhala zazezoma izinyembezi! Lachitheka igazi ngexonke! Amanye amalwa ecatsha ayevelela eZambia amanye evelela e Mozambique! Yakhala ingagane yabhongo njegesilo! Aqhaqhazela amabhunu hazehazitshiya libalele!

Ingagane zaqhuqhumba emini lebusi, hathukuthela amabhunu, azama ukuklifiza amabutho ngezikhali, langendizamtshina, bephosa mabhomba, lamanaphamu, ilambazi lenkafula kufa! Beqhuzula ngamandla abantwana benhlabathi! Lachitheka igazi, lampompoza, lageleza igazi njengezifula! Bafa abantwana benhlabathi! Bahelelwa abazali bebona lokuzwa ukuthi abatwana baphelile ezinkambeni! Babopha amathumbu omama labo baba!

Abazange bahlehlele emuva kodwa baqhubeka begwaza ngomkhonto, bebulala ibhunu! Yakhala ingagane, kwathunqa intuntu! Lazitshekela ibhuna, latatazela lingasakwazi ukuthi libambe ngaphi! Lami ngasengilungiselela ukungena eZimbabwe ngithwele isibhamu, kodwa ngangisesemfitshene! Lami kuZIPRA yangilungiselela ukuthi ngibe libutho lesizwe! Lami ngangena ematrechini, ngadubekela ilizwe! Ngayiphatha ingagane, iminyaka yami yobuntanga yaphela ngisempini!

Lawukhomba umuzi olotshwala ibhunu! Labona ukuthi ilanga seliyatsho kwabo! Baqala ukubhodabhoda, befuna sikhumisane umlotha ngoba ilizwe laliselithunqa intuthu kuzo zonke indawo! Othebula balithwalise gadalala ibhunu! Ingagane yathula sokukhumiswana umlotha! Bavumela ukuthi amabutho ethi gwaqa kuma assemble points!

Inkokheli ze ZIPRA, ZANLA, UANC lele RFP zavumelana ukwenza ukhetho ukuthi umuntu wonke ebele lelungelo lokukhetha ibandla olithandaya! Imikhankaso yasabalala ilizwe lonke uJoshua Mqabuko emelele iPF-ZAPU, uRobert Gabriel Mugabe emelele iPF-ZANU, Bishop

Abel Muzorewa emelele iUANC, Ian Douglas Smith emelele iRFP. Zangqukulana izinkunzi zibanga izihlalo lokubusa ilizwe le Zimbabwe!

Ilizwe lakhululeka, uRobert Gabriel Mugabe kwabanguye umongameli wokuqala ilizwe selithethwe kubalungu laya ezandleni labensundu! Ilizwe laba yi Zimbabwe! Bajabula abensundu ngokuthatha ilizwe elalithunjwe ngabelungu okwenkulungwane yeminyaka! IZimbabwe yaqala ukuba lezikolo ezinengi, lezibhedlela ezinengi! IZimbabwe yaqala ukuba yisitsha sokudla zamazwe enhlangothi yezansi kweAfrica!

Umnotho welizwe wathuthuka ususezandleni zabesundu! Igolide, amadiamonds, iplatnum, inikel, isimbi, umnunso, izilimo, lezifuyo. Imfundo yasabalala ilizwe lonke! Ilizwe lakhwabithwa ngabantu bonke jikelele emhlabeni! Abantu badonsa kanyekanye! Ilizwe labalihle labamnandi njengenyosi lo bisi!

Bayethe maqhawe alelwa Ilizwe leZimbabwe! Silibabaza ngobuqhawe benu! Lazimisela ukuchitha umbuso wodlakela! Sithi bayethe muli yeZimbabwe ngokubambana! Sesihlezi kuhle namhlanje ngenxa yenu! Siyalibabaza uqobo! Bambanani muli yeZimbabwe bantwana benhlabathi! Umhlabathi usezandleni zenu namhlanje elawunikwa nguNkulunkulu, uMvelinqangi! Bayethe mthwakazi kandaba! Bayethe mahlabezulu!

Umnotho welizwe, esawuphiwa nguMvelinqangi kuhlanganisa, iGolide, iPlatinum, iChrome, iCoal, IDiamonds, iNikel, iIron Ore, iCopper, iGranite, iGraphite, iLithium, lokunengi nje! Okukhanga abantu ukuze bevakatshele kweleZimbabwe, zimpompoma zamanzi zeMosi-oa-Tunya, Zambezi River, whitewater rafting, sunset, Hwange National Park, Lake Kaiba, Mana Pools National Park, Matopo National Park, Nyanga National

Park, Chinoyi Caves, Kariba Dam, Chizarira National Park, Great Zimbabwe, Mukuvisi Woodlands!

Ezinye Indawo Ezibukekayo eZimbabwe

Victoria Falls

Lake Kariba

Great Zimbabwe Ruins

Matopo National Park

Hwange National Park

Izimbabwe ijuluka ngomnotho! Empumalanga kulezithelo ezihlabusayo! Kuluhlaza tshoko isikhathi sonke, kumahalihali! Entshonalanga yelizwe kulezifuyo ezimangalisayo! Enyakatho kuyalinywa! Eningizimu, kulezinyamazala legolide! Lihle njalo limnandi ilizwe le Zimbabwe! Liyakhwabitheka! Kasilithandeni njalo silivikele kubahuquluzi bomnotho! Bayethe lizwe leZimbabwe! Bayethe balwi benkululeko! Bayethe bantu beZimbabwe!

IZANGELO ZAKWETHU

NguMhlanga lo! Yimi USabelo Gasela lo! Umntaka Joseph Gasela, okaMabutho, Umthombo ongacitshiyo, NguNzima lo! NguMjamase phela! NguMusi lo! Ngumzilwa kawulandelwa ungawulandela uyazibambelela! Umthombo ongacitshiyo, Umthunzi wezintandane! Inkisela yakwazulu! NguKhebeswa.

"This is Zululand, the land of Tshaka and Senzangakhona of the tribe of the iFenelinja, of the amaZulu, children of heaven, created by uNkulunkulu. UTshaka the friend of Mgobozi ovela entabeni..." Uknown.

BABA UYINSIKA YOMUZI

(UBaba omncane Dan Gasela lo Aunt Mrs. Esther Gasela Gumede)

Baba uyinsikayomuzi! Ungumkhokheli wekhaya lakho! Ungumninimuzi njalo nguwe othakazalela lokufumbathela imuli yakho!

Baba nguwe umsunguli womuzi! Nguwe umbusi womuzi! Nguwe insika yomuzi! Nguwe oqinisa umuzi! Nguwe olungisa umuzi! Uyinkaba yomuzi! Nguwe othungula njalo uthuthukisa umuzi!

Abantwana bakhangelele kuwe! Insane zibuka njalo zikhokhelwa nguwe! Ikusasa yabantwana iqathwa nguwe baba! Khokhela abantwana ngohlonzi, ubathungamele emadlelweni aluhlaza! Qinisa imuli yakho baba, Uyithakazalele imuli yakho! Kuhle ukuba ngubaba! Inhloko yomuzi yinqaba!

Ubaba uyasebenzela imuli yakhe! Lina baba liyisibonela sabantwana, ekukhokheleni, ukuqinisa imuli, lokusebenza kanzima! Lina baba liwondla abantwana ngesihelo langenhlonipho! Baba ulithemba lemuli yenu! Uyinkatha lesiphephelo segazi lakho!

Ilifa labatwana likuwe baba! Ithemba labantwana libiza wena!

Baba nguwe wedwa ofundisa abantwana bekuzwe! Ngubaba ozwa indaba zonke zomuzi uzigcine enhliziyweni yakho uze ukhothame ungazange utshele muntu ngoba ungafuni ukuthi isithunzi sakho sibhidlike! Wofela phakathi muntomdala! Kuze kubenini lanini ubekezelela imuli yakho bona bengakunanzi!

Qhubeka baba ngothando lwakho! Qhubela baba ngesineke sakho! Umvuzo wakho awukho lapha, uphambili! Inhliziyo yakho ingakhathazeki, qhubeka ngendlela yothando, ngendlela yobunene! Wadalwa nguMvelinqangi ukufumbatha imuli yakho ngesandla sokudla! Qhubeka baba ufundisa, ukhokhela, ufunza, ulondoloza lokuthanda imuliyakho! Ungadinwa ukukhuza! Ungadinwa ukukhokhela! Ungadinwa ukubuza! Ungadinwa ukuthanda imuli yakho! Ungubaba oqotho!

UMntwana Yinkaba Yomuzi

Five Children of Dr. Sam Sabelo & Mrs. Judith Gasela Mhlanga

Umuzi ngabantwana, kodwa abantwana baletha ukuzamazama komuzi, Bayagijima umuzi wonke, kube lomsindo ohlabusayo, uvuthe umuzi uthi ngwe. Nxa umntwana ezalwa ekhaya, izakhamuzi ziyeza emuzini zizokuthi "Amhlophe!" Izipho zigcwale umuzi wonke, kubelentokozo, umdeni usuvuthiwe, umsindo wabantwana uletha ukuthula lokusuthiseka.

Ziyakhula ingane sizikhangele, zithombe intobanzana, akhahlule amajaha, zakhula izingane zegazi, zakhula, zafunda zabayizikwicha mfundo. Zagana izintombi lamajaha, zenzf umtshitshimba, zaqala imizi yabo, wagcwala umuzi njalo ngabazukulu. Waqhela umdeni wakoGasela.

Abantwana egumeni, ligugu zazalwa izizukulwane, umdeni waqhele. Abantwana bagcina abazali bebanakamela. Ukuzala yikuzembela, ukuzala yikuzelula amathamba! Abantwana yinsika yomuzi wokuqhelisa umdeni usiyaphambili!

IZAGA LAMAZWI AHLAKANIPHILEYO LEZISHO
(PROVERBS & IDIOMS)

Eagle's Eye Beyond the Meaning

1. Indlela ibuzwa kwabaphabili ...
   Buza impilo kwabake bahamba phambili

2. Isisu somhlambi kasinganani singangophondwana lembuzi ...
   Umhambi kaqedi ukudla kwakho

3. Hamba juba bazakucunta phambili ...
   Bazakubona phambili ngobuqhweleqhwele bakho

4. Uzawukhomba umuzi olotshwala ...
   Uzalikhipha iqiniso

5. Uzakubona okwabonwa litsiyane liwele emhiqweni ...
   Uzakhathazeka uze uvume icala lakho

6. Liluba Lendlela ...
   Ukhomba wonke umuntu

7. Kadeli nje uyahlola ...
   Kahloniphi njalo kalakhanda

8. Lithungandlebe ...
   Kezwa

9. Inkiwane ebomvu ibolile ...
   Ubuhle akutsho ukulunga

10. Igade igade idiniwe ...
    Usediniwe sebuthakathaka

11. Inkethabetshabe ...
    Ukubandlululana ngemihlobo

12. Uyakloloda engagqize qhakala ...
    Uyadelela ulenkani njengetshongololo

13. Indlela ubuzwa kwabaphambili ...
    Buza labo abahamba kuqala

14. Hamba juba bazakucunta phambili ...
    Hamba bazakubona ububi bakho phambili

15. Kuguga othandayo ...
Otshengisela ukukhokhoba ngofunayo

16. Isigogo sigoqwa sisemanzi ...
Umntwana ulaywa esemcane

17. Indlovu kayisindwa ngumboko wayo ...
Umnini wemuli kakhali ngokuyinanakela

18. Uyadela ongazalanga ...
Ongazalanga kalandaba labantwana

19. Ukwanda kwaliwa ngabathakathi ...
Ukubonga kakhulu

20. Isisidla lamaqanda alo ...
Ukuxhwala komdala oselala labantwana bakhe

23. Usengibonela emanzini njengenhlazi ...
Usengiyeyisa kasafuni lokungikhangela

24. Kusinwa kudedelwana ...
Tshiyela abanye benze labo

25. Namhla yimi, kusasa nguwe ...
Phathisa abanye ngoba kusasa nguwe

26. Kuhleka ongazalanga ...
Owazalayo kahleki enye imuli

27. Umenzi kakhalelwa kukhalelwa umenziwa ...
Umuntu ozenzisayo, isiqoqodo kasikhalelwa

28. Lihlonga ndlebe ...
Kezwa, yisiqoqodo

29. Yisiwula ...
Kezwa

30. Lilamba lidlile ...
Unciphile ekhalweni

31. Yinsuzela kude ...
Zinjengamajodo

32. Lizimu ...
Uyesabeka

33. Uqine njenge sambane ...
Ukhuthele

34. Yingimba yabadala ...
Inyama yabadala

35. Indwangu zihlekana iziphongo ...
Kababonani ububi babo

36. Kugidwa kudedelwana ...
Tshiyela abanye begide labo

37. Limtshonele ilanga ...
Usebunzimeni

38. Yiphinda baphenduke ...
Iphambanisa ikhanda

39. Imithwa ngokupindwa ...
Uphinda uphinde njalo

40. Umuzi ngumfazi ...
Umuzi imiswa ngowesifazana

41. Ikhotha eyikhothayo ...
Unceda okuncedayo

42. Akuqili elazikhotha emhlane ...
Akulasihlakaniphi elizaziyo

46. Yindaba esegudwini ...
Udabalulo luyimfihlo

47. Ulesandla ...
Lisela

48. Uleminwe ...
Yintshantshu ekwenzeni into zakhe

49. Ulesibindi ...
Ngumuntu ongesabiyo

50. Gugandele ...
Katshengisi ukuguga

51. Guga sithebe kade wacholeka ...
Uqine saka

52. Gugamzimba salanhliziyo ...
Katshengisi ukukhula lomuntu

53. Uyimbokodo ...
Uqinile njalo uyathembeka

54. Umswane wedube ngosesiswini ...
Okudlileyo, okwenzileyo ngokwakho

55. Ukhomba ngophakathi ...
Yisinothi

56. Okwakuyizifudlana sokuyizifula ...
Ababeswela sebephumelele

57. Litshatshazi ...
Muhle okwamagama

58. Lilihlo lentwala ...
Kabonwa nje mahlayana

59. Uphunyuka bemphethe ...
Uyanyamalala engabonakali

60. Liqhalaqhala ...
Uhlakaniphele eceleni

61. Ngumehlo mabili ...
Kasuthiseki

62. Olendlebe uyezwa ...
Olalelayo uyaphumelela

63. Isilima sihlekwa ngofileyo ...
Ophila kahle muntu

65. Amazwi abadala kawaweli phansi ...
Ukulayelwa ngabada kuqakathekile

66. Ungabhotsheli emthonjeni ...
Tshiya wakhile ulobudlelwano

67. Ubunyonyo babulala indlovu ...
Intwencane ingakuphambanisa njalo ikutshabalalise

70. Ulonyawo ...
Uyahamba kakhulu

71. Ulomlomo ...
Uthanda ukuqala abanye

72. Isala kutshelwa sibona ngomopho ...
Oyala ukucetshiswa uzazibonela

75. Okuluma indlebe ngowakho ...
Umgane wakho nguye okuxwayisayo

76. Kibo kwagwala akulasililo ...
Ophangisa ukubona okulimazayo ebaleke uyasinda

77. Yinkemenkeme yendaba ...
Indaba enzima okwamagama
78. Livila voxo ...
Udinwa masinyane

79. Uyitshaye ekhaleni ...
Ukhulume elimqotho njalo eliqondileyo

80. Utshaya inja ufihle umphini ...
Kaphumeli egcekeni

81. Ukati ulele eziko ...
Kulendlala lapha ekhaya

82. Abake babonana bayaphinda babonane...
Bazo bonana kwelizayo

83. Sizabona okuzawela induku loxakuxaku ...
Sizabona ukuthi kuyaphelela ngaphi

84. Isitshe esihle kasidleli ...
Umuntu olungilayo kahlali emhlabeni

85. Ukwenda akuthunyelwa igundwana ...
Umendo kawaziwa ukuthi uzakuma njani

86. Agelezela lapha okwehle khona
Kuqonda kodelelwayo

87. Uzinzile ...
Uchumile lo

90. Uthobekile ...
Ulobubele

91. Liphakaphaka ...
Ulilema lo

92. Umlomo ongahlalwa yimpukane ...
Ukhuluma khakhulu lo

91. Ulonyawo ...
Uhamba kakhulu lo

92. Isigelekeqe ...
Litsotsi leli

93. Iqili kalizikhothi emhlane ...
Ohlaniphileyo kazi konke

94. Uyanyonyoba ....
Uhamba kancane

95. Ulesibindi ...
Liqhawe

96. Udla imbuya ngoluthi ...
Uyadubeka lomuntu

97. Likhikhitha ...
Uyisifebe

98. Yinyoka ...
Yisitha esicatshileyo

99. Inyathi ubuzwa kwabaphambili ...
Indlela ibuzwa kwabahamba kuqala

100. Udwayi ufa lensibazakhe ...
Umuntu ufa lezenzo zakhe

101. Uphakathi komhlane lembeleko ...
Uhlala kuhle engagqize qhakala

102. Izandla ziyagezana ...
Ubuhlobo lokuzwana buqiniswa yikubambana

103. Inkosi yinkosi ngabantu ...
Umbusi uthola amandla ebantweni

104. Ukugana unwabu ...
Uthukuthele lo

105. Ukubamba inkunzi ngophondo ...
Ukuba lesibindi sokuxhopha isitha sakho

106. Inhlwa kayibanjwa ngekhanda ...
Bekezelela ungajahi uze ubone lapha okuphelela khona

107. Ubukhosi ngamazolo ...
Umbuso uyaphela

108. Ilifa lemvelo liyahlonitshwa ...
Umnotho wesintu kawu phangelwa

109. Akunkwala eyaphandela enye...
Omunye lomunye uyaziphandela

110. Akuntombi yagana inyamazana ...
Intombazana ikhomba umuntu hatshi inyamazana

111. Akuqili lazikhotha emhlane ...
Akulasigelekeqe esikwazi konke, sizabanjwa kuphela

112. Akusilima sindlebende kwabo ...
Isilima kasizondwa kwabo

113. Amajodo awela abangela mbiza ...
Inhlanhla ibuya ebantwini abangakwaziyo ukuyisebenzisa

114. Ameva ayabangulana ...
Abantu bayancedana nxa besebunzimeni

115. Buchitheka bugayiwe ...
Kuyachiteka lanxa kade sokulungile

116. Elenxeba ilenxeba ...
Elenxeba kayifihleki

117. Elethunga ayisengelwa phansi ...
Nxa uleqhinga, lisebenzise, ungadlalisi ithuba ulalo

118. Eyomdeni ayingenwa ...
Ungathatheki ngenkulumo zomdeni wabanye

119. Guga sithebe kade wacholela ...
Usegugile, katshiyele ontanga beqhubeke

120. Ibele lendlela kalivuthwa ...
Umuntu olamehlomehlo kakhi umuzi

121. Icala lembula ingubo lingene ...
Icala libuya ungalilindelanga loba ngaphi

122. Icala kaliboli ...
Icala kalipheli, liyakulinda kuze kube nini lanini

123. Ikhotha eyikhothayo ...
Unceda omcedayo

124. Ikhula lamanono ayo ...
Ikhula ngalokhu ekudlayo

125. Imbila yaswela umsila ngokulayezala
Ukuthumela omunye uyacina uswele

126. Imbuzi igudla iguma ...
Uyakhekheleza enkulumeni, kacaci sobala

127. Imbuzi iphekwe lempondo ...
Kakuhlolwanga kuhle njalo akuhluzwanga ngokukhalipha

128. Impethu ingena ngenxeba ...
Kuxwayiswa ukuthi unanzelele lokhu okwenzayo kungakungenisa
emanyaleni

129. Induku enhle iganyulwa ezizweni ...
Umfazi omuhle uthathwa kude

130. Induku kayakhi muzi ...
Ukutshaya umfazi kakwakhi umuzi

131. Inhlanzi itshelwe ngamanzi ...
Ubukhosi bumphelele kasazi ukuthi engayangaphi
132. Inhlwa kayibanjwa ngekhanda ...
Ungaphaphazeli, zinza kuze kuphumele igcekeni

133. Inkomo ingazala umuntu ...
Akungeke kwenzeke lokhu

134. Inkosi yinkosi ngabantu ...
Abantu yiyo insika yobukhosi

135. Inkukhu inatha amaqanda ayo ...
Umzali useganga labantwana bakhe engagqze qhakala

136. Inkunzi emnyama iyawona amathole ...
Umuntu omubi uyaphambanisa kumbe uyadunga inzalo yomdeni

137. Inotho/ubukhosi ngamazolo ...
Umbuso uyaphela, kawuhlali laphakade, uyanyamalala ngokutshetsha

138. Inqina laphuma embizeni ...
 Waphunyuka bemphethe

138. Intandane enhle ngumakhothwa ngunina ...
Umntwana ongelayise unanakelwa ngunina

139. Into yomuntu ngumhluzi wempisi ...
Into yomuntu kayithathwa, iyababa

140. Inxeba lendoda kalihlekwa ...
Ungahleki eyinye indoda elimeleyo, kusasa kungaba nguwe olimeleyo

141. Inyathi ibuzwa kwabaphambili ...
Indlela ibuzwa kwabahamba kuyo

142. Inyembezi zendoda zehlela esifubeni ...
Indoda kayibihli enkundleni, ifela ngaphaka, enhliziyweni

143. Iqaqa kalizizwa ukunuka ...
Umuntu kazizwa iphunga lakhe, lokuzibona ububi

144. Isalakutshelwa sibona ngomopho ...
Ungayala ukuxwayiswa, uzazibonela

145. Isigogo sigoqwa sisemanzi ...
Umntwana ulaywa lokufundiswa esesemncane

146. Isitsha esihle kasidleli ...
Umuntu olungileyo kahlali emhlanbani

147. Ithendele elihle ngelikhala ligijima ...
Umuntu uncedwa eziphandela

148. Ithunga liyagcwala ngompehlo ...
Ukwenziwa kuncane kancane kuyakhula kube kunengi

149. Izandla ziyagezana ...
Abangane banyancedana ebunzimeni

150. Izolo liyembelwa ...
Ilanga layizolo liyadlula

151. Kazalanga wabola amathumbu ...
Wazala ihlongandlebe, umntwana ongelambeko

152.Kubomvu umkhiwa ukhithikile ...
Kunonile njalo sokulungile sokungadliwa

153. Kusasa kuyizolo ...
Okwenzakalayo izolo, kungenzeka njalo lamuhla

154. Kwafa igula lamasi ...
Kuchitheke into eqakathekileyo/Kumbe kufe umuntu oqakathekileyo

155. Libalele ngitsho lasebukhweni bezinja ...
Kusemini ilanga liyavutha, phakathi kwamabili

156. Loba kungela qhude kuyasa ...
Lanxa kungela mkhokheli, impilo iyaqhubeka isiyaphambili

157. Ngikubeka isikhupha ...
Ngibheke izenzo zakho ukuthi wenzani

158. Ngumanxiwa kawamili imbuya ...
Amanxuwa kawasahlumi lutho, asegugile

159. Ngumnyankomo ...
Akudliwa lokhu, kuyabulala njalo kuyazila

160. Okuvuthiweyo kubolile ...
Osokuvuthiwe kuyadliwa, akusagcinwa

161. Oxamu babhaxulene ...
Iziyelele zihlangene

162. Selidumela emansumpeni ...
Sokuzwakala ensitha

163. Sizoyicela isivuthiwe ...
Sizazizwa indaba sezichophele

164. Sobohla manyosi ...
Umbuso uzophela

165. Ubude abuphangwa ...
 Ungagijimeli ukukhula, kuyabuya ngesikhathi saso

166. Udiwo lufuze imbiza ...
 Umntwana ufuze abazali bakhe

167. Udlela emakhukhwini ...
Uyancitshana

168. Udwayi ufa lensiba zakhe ...
Umuntu uhamba lezenzo zakhe

169. Uhamba phezu kwamawa ...
Impilo yakhe isengozini

170. Uhlobo olungabekwa nhlanyelo ...
 Ubona ngezenzo zakhe ukuthi uvela kumdeni omubi

 171. Ukhala eziwela esiswini ...
Uhlutshwa lulutho kodwa uyesaba ukukhuluma

172. Ukhala ngelihlo linye ...
Uzenza olosizi kodwa ulamanga

173. Ukhuni olungaziwayo kaluthezwa ...
Umuntu ongaziwayo kaganwa

174. Ukungazi kufana lokufa ...
Konakele singathembanga

175. Ukusuza komnumzana kwesulelwa kumfokazana ...
Ukona komuntu omdala akubatshazwa

176. Ukuzala yikuzelula amathambo/yikuzimbela ...
Ukuba labantwana abenza kuhle kuyanconywa

177. Ukwanda kwaliwa ngumthakathi ...
Kubongwa umuntu olilamlela kudubo elihlangane lalo

178. Umcaba owasala emasini ...
Intombi esala ekhaya ezinye zisenda

179. Umendo kawuthunyelwa gundwane/kawutshayelwa mathambo ...
Umendo kawaziwa ukuthi uzabanjani, uzazibonela phambili

180. Umenzi kakhohlwa kukhohlwa umenziwa ...
Lo owelwe ludubo utshengiswa usizo hatshi ozenzisayo

181. Umfazi kalankosi ...
Inkosikazi kayesabi umyeni wayo lanxa eqakathekile

182. Umkhwenyana yinxoza ...
Umkhwenyana kadinwa ukuthunywa

183. Umlahlise okwenyongo yenyathi ...
Umalile kasafuni lokumbona

184. Umlomo litshoba lokuziphungela ...
Ukuzama ukuphunyuka ecaleni olitheswayo

185. Umlungisi ngumoni/umuntu kalamcoli ...
Umuntu olungisa indaba uyakwanisa ukuphambanisa

186. Umntwana wenyoka yinyoka ...
 Umntwana wesigqelekeqe kathenjwa ngoba ufuze kwabo

187. Umntwana wesilwane yisilwane ...
Umntwana wesilo yisilo, akatshintshi

188. Umntwana yindla ngaye ...
Ukucela ngomntwana

189. Umqokolo wendwangu uvuthelwa emlonyeni ...
Kameleli ukuthi kuvuthwe kodwa udla kuluhlaza, kazinzanga

190.Umthunywa kalampontsho ...
Othunyiweyo kala cala

191.Umthwente uhlaba usamila ...
Umntwana okhaliphileyo ubonakala esemcane

192. Umuntu kazizali ...
Umuntu olungileyo kazizali, engazala isigelekeqe

193. Umzenzi kakhalelwa ...
Ihlongandlebe, umntwana angalaleliyo kakhalelwa nxa esengene
engozini

194. Ungena ngenxeba njengempethu ...
Lapho okuvuleke khona, umuntu odubekayo uyangena ngecele

195. Unxiwa luka Ha! Alwakhiwa ...
Qina, zama amanye amacebo ukuze uphumelele

196. Unyawo kalula mpumulo ...
Phatha abanye kuhle, ngoba kusasa uzadinga uncedo lawe

197. Usenga inkomo, asenge lenkonyane ....
 Umuntu ongahloniphiya, okhombisa umfazi lendodakazi yakhe

198. Uthango ludla amakhomane ...
Umninimuzi uthakatha ingane zakhe

199. Utshaka usekhaya ...
Oqeda abantu ukhonapha ekhaya

200. Utshaya inja ngekhanda ...
Ngumyanga womuntu

201. Uwelwe ngamazolo ...
Ubelenhlanhla yama Swazi

202. Uye kwelongwelumatha ...
Uhambe wagwaza

203. Uyibambe ngesidukwini ...
Ulamandla njalo nguye umkhokheli

204. Uyisikela emunweni ....
Uhlezi kuhle kasweli lutho, ukhomba ngophakathi

205. Uzidle uzibeka amathambo ...
Nxa indodakazi ingelambeko, amalobolo engabuyiselwa

206. Wafa kabili njengomkhobo ...
Ubekhala ngodubo olumehlelayo, waphinda wehlelwa ngolunye udubo

207. Waqothula imbokodo lesisekelo ...
Ukufa kwabazali labantwana ndawonye

208. Wanyiwa yinyoni ...
Umuntu oxwaywa ngezenzo zakhe ezimbi

209. Yawuchitha umuthi inkonyane ...
Ukuveza imfihlo ngesikhatha esingafanelanga

210. Zinqunywa amakhanda ziyekwe ...
Izindaba ezithinta amabizo abantu kawa bizwa ebandleni

211. Kubamba ezingelayo ...
Umuntu ozama ngamandla wonke ukuphumelela

212. Inkomo ingazala umuntu ...
Into ingeke yenzakala

213. Inja iyawaqeda amanzi ngolimi
Ukwenza into kancane kanane kucina sokuqhelile

214. Ilanga lingawa licoshwe yizinkukhu ...
Kungeke kwenzakale, uyaphika

215. Inkunzi isematholeni ...
Umkhokheli uzaphuma ebantwaneni

216. Ukhetha iphela emasini ...
Uyacubungula okulohlozi

217. Ukuqhuba imbuzi ...
Ukudakwa ngumqombothi

218. Ukusenga ezimithiyo ...
Ukuqamba amanga

219. Inkukhu iqunywe umlomo ...
Bamthulisile esakhuluma, ewumana

220. Kazi iyozala nkomoni ...
Asazi ukuthi kuzaphetha ngani, inkulu lindaba

221. Kukhona okushaya amanzi ...
Kulamahungahunga akhona

222. Ukugana unwabu ...
Uzondile lumuntu

223. Ayikhulunyelwa eziko ...
Indaba lezi ziqakathekile kazikhulunyelwa ebandleni

224. Igade igade idiniwe ...
Usethambile, kasakwanisi lokuhamba

225. Kuhlonitshwa kabili
Inhlonipho ivela nxa zonke

Inganekwana Zendulo

UMvundla Lo Nteletsha

Kwakukhona, uMvundla loNteletsha, uMvundla wayehlakaniphile njenge ntethe yobusika. UMvudla wathi kuNteletsha ngileqhinga lokuthi sidlale umdlalo omnandi ngoba silesizungu. Iqhinga ngelokuthi siphekane. UNteletsha wathi kulungile, liqhinga elihle lelo. Badinga ibhodo, lamanzi, babasa umlilo, bafaka amanzi ebhodweni bakhwezela umlilo. UMvundla wathi, "mana mina ngiqale ukungena!" Amanzi ayesagudumala uMvudla waqala ukungena ebhodweni, isikhatshana nje. UMvundla wathi, "Nteletsha, Nteletsha, ngikhipha!" UNteletsha wamkhipha uMvundla. UMvudla wathi, sokunguwe ongenayo ebhodlweni. UNteletshe wangena, uMvundla wakhwezela umlilo, amanzi aqalisa ukubila, uNteletsha wathi, "Mvundla, Mvundla ngikhipha sokutshisa lapha!" UMvundla wakhwezela ngamandla. UNteletsha wathi, "Mvundla, Mvundla ngikhipha sengisitsha bo!" UMvundla wathi, "Tshana nyamazanaymi, Tshananyamazana yami!" UNteletsha watsha, wabonxuka waze wasubuka wafa wavuthwa busu.

UMvundla waqala ukudla uNteletsha. Wadla wazewasutha, isisu saze sacazimula njengomdlane osuthi umlaza. Wathatha inthambo lika

Nteletsha waqala ukulivuthela njengempembe. Wathi, "Sasiphekana mina lo Nteletsha, kodwa uNteletsha watsha wavuthwa ngamudla!" Inyamazana zasondela eduze be funa ukuzwisisa ukuthi kuhambe njani. Zabona uMvundla etshaya ithambo likaNteletsha eqeda ukumudla. Izinyamazana zalaqala ukumbalekela umvudla zisesaba ukuthi bazadliwa nguMvudla labo. Yiso isizatho sokuthi uMvundla ubalekelwa zinyamaza zonke zomhlaba kuzekube lalamhlanje. Umvundla uhamba yedwa kuze kube lalamuhla.

Isifundo kuMvundla lo Nteletsha kunganekwana yikuthi, ifuze unanze lele ukuthi umngana weqiniso ngubani. Ufuze unanzelele umgani weqiniso empillweni yakho. Funda isifundo kulenganekwana ehlabusaya kangaka!

UMaqhubutshwana

Kwakukhona, (Abalaleli bayavuma besithi, *"Kolobeja!"*), umfana owayeliminyaka elitshumi lambili, (*"Kolobeja!"*). Yikuvuma lokhu, ukuthi inganekwana iqhubeke. Uyise lonina babemthanda okumangalisayo. Bemnika yonke into oyifunayo njalo bemtotoza okwamagama. Kwathi ngelinye ilanga, umama wakhe wavuka emadabukakusa wapheka isitshwala senyawuthi lenyama yempala eyayibanje yizinja lobaba wakhe. Umama wakhe wapheka isitshwala esasesinukelela, uqhatsi olumnandi lenyama yempala eyayi ngumhwabha, wayifaka ledobi ebhodweni. Wase wathatha lamasi wawa faka kwelinye udewo, wambokotha kuhle sibili. Basebe hamba emasimini besiyahlakula ukuze nxa sepheduka emini, bebuye sebesidla kuphela hatshi ukuqala ukupheka. Bathi kuMaqhubutshwana eyekwelusa inkomo ebese phenduka ngamabili ezokudla labazala bakhe. Bonke bayabe sebediniwe phela. Bavalelisana, abazali besiya emasimini besiyahlakula, uMaqhubutshwana esiya lusa inkomo.

Uthe uMaqhubutshwana esephambili ehamba lenkomo, wase cabanga uqhatshi oluzwileyo umama wakhe epheka isitshebo lesitshwala ekuseni. Wathi du, wacabangisisa ukuthi ebuyele ekhaya eyekuzwa ukuthi umama upheke njani ezifela emlonyeni. Wathi cebo bani, watshiya inkomo emadlelweni, wagijima ebuyela ekhaya esazi ukuthi umama lobaba basemasimini. Wangena egumeni enyenya, ethalaza yonke indawo.

Wangena emkulwini. Wavula isivalo kancane, kancane. Wavula imbiza elesitshwala senyawuthi le nyama ye mpala eledobi. Waphakulula, wafaka esicepheni. Wahlala khonapho emkulwini. Wasidakaza isitshwala etsheba ngomhwabha ofakwe idubi. Waqala esithi uzahlephuna mbijana ezwe ukuthi kumnandi njani. Wapheduka futhi, wahlephuna, waphenduka futhi, wahlephuna, watshaya waqeda isitshwala lesitshebo sonke. Wathatha amasi ayesediweni, izankefu. Wazincinda watshaya wabeka ekhoneni. Wathatha umxhanxa owawutshiywe ngayizolo. Wadla uMaqhubutshwana isisu sabangaka njengesikananane, sesicazimula.

Wagaya iqhinga lokuthi ebaleke eye kumalumakhe owayehlala ngaphetsheya ko mfula ekwazi ukuthi umama wakhe lobaba wakhe bazambulala ngokumtshaya ngento owayeyenzile. Ngokungezwa kwakhe uMaqhubutshwana wakakela ebhodweni owaqeda ukudla okwakuphekwe ngunina wambokotha. Wabaleka esiyakomalumakhe, wachapha umfula owawugcwele ungaphefumili. Kwakulengwenya emfuleni, kodwa wangena emfuleni ebambe umsila wenkomo ngoba inkomo zikwazi ukuntsheza okwedlula abantu. Wahamba waze wafika emsango weguma komalumakhe kodwa esesaba. Wafika wamemeza esithi, "Ekuhle ngekhaya?" Umalumakhe wasabela wathi "Ngena, ngubani?" UMaqhubutshwane wathi, "Yimi Malume, uMaqhubutshwana!"

Umalumekazi wakhe wathi, "Hawu, uMaqhubutshwana, wabuya, sokuhlwile, kukahle nje?" UMaqhubutshwana wathi, "Qoki!" Umalume wakhe wathi, "Ngena mzukulu, ubuye ngobuhle kumbe kukhona okubi okwenzakaleyo ku dadewethu?"

UMaqhubutshwana wathi, "Konke kuhle malume, ngivakatshile. Umama lo baba bathe ngibuye ngizotshaywa ngumoya kini!" Umalume wakhe wathi, "Yebo? Engazange engitshele udadewethu lomkhwenyana wami?" UMaqhubutshana wathi, "Ahhh malume, uzakutshela njani kungakabi lencingo zokukutshayela zingekho. Ngizaphenduka sengihlale iviki nje" Umalume lo malumekazi kaMaqhubutshana babiza abantwababo abathathu ukuze bezobingelela uMaqhubutshwana, abazawakhe phela. Bajabula bebona uMaqhubutshwana ngoba babecine ukubonana ngomyaka odlulileyo. Bamnika ukudla. Babepheke inopi, lomubu, lendlubu lamazambane. UMaqhubutswana wathi topo, topo ngoba elokhe esuthi ukudla owakutshontshayo ngakibo.

Umama lo baba kaMaqhubutshana, bathe sebevela emasimini ukuyahlakula, bangena emkulwini, umama wasubukula ibhoda wezwa iphunga lekaka likaMaqhubutshwana, wathi, "Maye, maye, seka Maqhubutswana buya uzongibonisa okulapha embizeni! Imihlolo kababa! BantubeNkosi!" Useka Maqhubutswana wathi, "Kwenzenjani nakaMaqhubutswanan?" Lephika seliphezulu. Useka Maqhubutshwana wangena emkulwini amehlo esephumile njengakamandukule. Wathi ebona okusembizeni wathi, "Ahh, Ahh nakabantwana, nguMaqhubutshwana oyenze lokhu? Angithembi ukuthi umtwanami engenza lokhu. Mina angivumi ukuthi nguye. UMaqhubutswana ka ganganga kangakha. Umama wathi, "Nguye kuphela, kakabuyi enkomeni sokuze sokuhlwile nje! Kasilungise isigangi lesi" Ubaba wathi, "Limqotho leli. Kasimlungise umuntu lo ogangileyo kangaka. Nxa kunguMaqhubutshwana, uzaphenduka kuphela! Uzafunda isifundo, uzayifunda ivaliwe!" Balungisa ikaka leyo, bafaka imigcozo yabo. Bayithumela kumnikazi, ikaka ukuthi imlandele kumnikazi, uMaqhubutswana.

Bathe sebelala, umalume lo malumekazi bezwa kulomsindo phandle owawungajwayelekanga.

Bezwa kungani kulomuntu omemezayo phandle. Bathulisisa labantwana bathula bathi zwi. Phandle sokumnyama, sokunqunda amehlo bacabanga ukuthi yizilwane, kumbe zimpisi. Bathula bathi zwi balalelisisa ukuthi kambe kuyini? Abantwana bonke, kuhlanganisela uMaqhubutsho bahlala ekhoneni belalelisisa ukuthi kuyini? Umalume waphuma phandle lenduku le hloka enyenya engena emnyameni othe tsu. Wezwa ilizwi limemeza, "Maqhubutshwana, zhiyayo! ungitshiyelani, zhiyayo! siyekudla izibondo, zhiwayo! zakokhwenyethu zhiyayo!" Umalume wathula zwi, uvalo lwamtshaya ukuba kungaba kuyini lokhu? Wezwa ilizwi lisithi, libiza UMaqhubutswana, wamangala ukuba yini lento ebiza umzukulu wakhe, uMaqhubutshwana. Kwakumnyama kungelanyanga. Wabuyela endlini ehamba nge nyovane lokhe ethwele induku lehloka. Uthe engena endlini, wathi, "Lalelani lizwe lokhu!"   Bezwa, "Maqhubutshwana, zhiyayo! ungitshiyelani, zhiyayo! siyekudla izibondo, zhiwayo! Zako khwenyethu zhiyayo!" Abantwna bathi, "Into le ibiza uMaqhubutshwana!" Batshonjalo.

Umuntu wonke wathithibala. Abantwana bangena engutsheni bagubuzela. Okuyinto kwaqala kuzwaka kukhatshana, lokhe kusondele, eduzune. Kwabekufika emnyango kwathi, "Qoki ngekhaya?" Umalume wathi, "Ngubani osemnyango?" Kwathi, "Yimi, ngilandela uMaqhubutswana!" Umalume wathi, "Wena ungubani?" Kwathi, "Ngivulela ngingene, ngikuchasisele" Umalumekazi la bantwana bonke bavuka, bakhwezela umlilo ukuthi kukhanye. Umalume kaMaqhubutshwana wavula isivalo mbijana, mbijana, esithi ngumuntu.

Wathi uyakhangela wabona into enjenge sigiqathuvi kusemnyango, kugiqika. Umalume wathuyavala ngokuphangisa, kwathi, "Maqhubutshwana, yimi ongitshiye ebhodweni ngekhaya! Umama lo baba bathe ngizokuthatha!" Kwasekwangena endlini, kwagiqika kwaya emsamu, kwasondela duze kuka Maqhubutshwana. Umalumakhe wathi, "Uthunywe ngumama lo baba ka Maqhubutshwana, kutshonjalo okuyinto lokhu!"

Umalume watshedela emuva, wahlala esitulweni sodonkana, umalumekazi wendlala icansi, abantwana bazigodela ngenngubo ekhoneni, sebethithibele, bathula bathi zwi bemangele ukuthi kwenze njani lapha ekhaya! Umalume wathi, "Maqhubutwana?" UMaqhubutswana wathi, "Yebo malume!" Umalume wathi, "Uyakwazi lokhu okuyisi gqumfemfe? Watsiya wenzeni ngakini?" UMaqhubutshana, wakhangela eceleni, wakhangela pansi, wanyikinya ikhanda. Wasemlandisela umalumakhe ukuthi wenzani ngakibo. Abantu bonke bamangala ukuthi uMaqhubutswana engenza into ekanje! Umalumakhe wathula wathi zwi ebambe isihlathi. Umalumekazi wabamba umlomo, efake izandla esifubeni ngokumagala. Abantwana bakhangela uMaqhubatshwana, bagigideka. Umalume wathi, "Lina, lihlekana, lifunde isifundo sokuthi ubusela buyabulalisa lokuhlonipha abazali yinto eqakalithekileyo.

Umalume wathi njengoba sekuhlwile, uMaqhubutshwana lento yake baza kuya kubo ngelanga elilandelayo. Umalume wathi kuMaqhubutswana, "kusisa uzabuyela kwenu lento yakho le. Udadewethu lomkhwenyana asazi ukuthi benzejani sibili. Kulukhuni njalo kuyesabeka lokhu!" Watsho umalume inyikinya ikhanda, ekhangele phansi. Wasesithi, behambe bayelala bazabonana kusasa. Uthe umalume eqeda ukukhuluma lokuxwayisa, okuyinto kwathi, "Mina ngiyalala phakathi, mina ngiyalala phakathi!" Abantwana bagigideka bethi kabafuni ukulala, besesaba into kaMaqhubutshwana. Umalume wabaqonqosela ukuba bayelala. Bahamba exhibeni labo, uMaqhubutshana lento yakhe balandela. Bathe sebefika ixhibeni labo, kwathi, "Mina ngithe ngiyalala phakathi, kalizwanga kanti!" Kwatsho kukhwaza. Kwazifuqela duze kwa Maqhubutshwana. Balala uvalo lubaphethe. Khuthe sebevuka ekusini, bathi bayageza amehlo, lakho kwasondela kwagiqika kusiya emanzini.

Umalumekazi wavuka epheka amaqelebwana le lambazi, lohololo. Bathi bayaqala ukunatha uhololo ekuseni, kweqela emcepheni, kwagiqika kusithi, "Amnandi amaqelebengwana la yeyi!" Umalume wathukuthela waxotsha uMaqhubutshwana wathi kabuye ngakibo lento yakhe le esihluphile emzini wakhe. Wathatha umtshaqana wakhe uMaqhubutshana walubhekisa kibo ekhaya. Kwamlandela okuyinto kwakhe kugiqika. Wazama ukugijiama esithi ekutshiye, wagiqika ngamadla lakho kumlandela. Wagijima waze wathukuthela UMaqhubutshwana ezama ukubalekela ikaka yakhe. Uthe efika emfuleni wathaba ukuthi kuzaphelela emfuleni. Wakuthatha wakucubungula, wakulahlela emfuleni. Wantsheza wakhutshiya. Kwasala kuhlananga mbijana, mbijana, kwaze kwahlangana. Kwachampa umfula kwagiqika kulandela Maqhubutwsana, kuhlabela, "Maqhubutshwana zhiyayi! ungitshiyelani zhiyayo! siyekudla izibondo zhiyayo...!" UMaqhubutshwana walalelisisa esekuzwa kubuya okuyinto kwakhe. Ilizwi lakho lokhe lisondela eduzanne. Wathi uyakhangela emuva wabona uthuli lwakho sokuphazima ethulwini. Kwatsho sokuthutshile.

UMaqhutshwana wacela ezinyaweni, wagijima esifika ngakibo. Wafika waziphosela emsamo komkhulu, ephefuzela ngokugijima. Una MaQhubutshwana weza egijima esiya emkulwini wathola uMaqhubutwana ephefuzela esecatshile ngemva kwe bhodo lomhiqo owawuphekwe ngunina. UnaMaqhubutshwana wathi, "Mntanami, kutheni? Uvelangapha, kadesikudinga, okwamagama." Ikaka kaMaqhubutshwana iseceleni kwakhe. UsekaMaqhubutshwana wangena indlini emangele evelela esibayeni senkomo. UnaMaqhutshwana wayesehlezi ecansini ezinzile ebheke uMaqhubutshwana ngamehlo abomvu. Useka Maqhubutshwane wathatha isihlalo sakhe, wakhangela uMaqhubutshwana emehlweni wathi, "Mntanami wenzani ngohlazo lolu owalwenzayo kunyoko loyihlo? Uhlazo lokutshontsha ukudla wena usutha lapha ekhaya? Wawungenwe yini ukudla okwakuphekwe ngunyoko, uqeda lapha ukakele embizeni? Wasiyangisa emulini lakumahlabezulu!" Umama ka Maqhubutshwana wayesephongu bihla kuphela engasakwanisi lokukhuluma.

UMaqhubutshwana wasesithi, "Baba lo mama, ngixoleleni kakhulu ngenxa yento engayenzayo ukuganga okungaka. Angazi ukuthi ngangingenwe yini sibili. Ngiyaxolisa, mayuyu mama lo baba!" Uyise kaMaqhubutshwana wathi, "Siyakuxolela ngane yami, ungaphindi empilweni yakho futhi ukwenza into eluhlazo kangaka! Hlonipha uyihlo lo nyoko! Kube yisifundo sokuthi ulalele abazali lokuthi ungakhangeki ngokudla njengo Eve, ensimini yeEden! Nxa utshelwe ukuthi ungathinti okutsheliweyo, ungaqali. Kuyazila ukuthinta okuthiwe ungathinti, ngakini, esikolweni, emzini yabantu kumbe ngaphi. Ungakhafulele phanzi uthi 'mphu!' Uyezwa mnatanami?" UMaqhubutshwana, wathi, "Ngiyezwa baba lo mama, angiphindi njalo! Ngiyabonga ngokungi xolela lokungithethelela!" Useka Maqhubutshwana wathatha ikaka leyo, waya ngemuva kwesibayeni senkomo wagebha igodi elitshonayo. Waphosela ikaka ekaMaqhubuthswana, wayigqibela, wafaka amatshe phezulu. Umama kaMaqhubutshwana wathatha umhiqo wanika UMaqhubutshwana ukuthi enathe. Bakhumisana umlotha, yikho okuphela inganekwana kaMaqhubutshwana! Lesifundo sokulalela abazala!

UMvundla lo Fudu

Kwakukhona uMvundla lofudu. UMvundla wayehlala eziqhenya esithi ulejubane kakhulu akulanyamazana engamtshiya. Wangena eguswini ehamba ememezela edinga eyinye inyamaza engaqopha be tshikilisane. UFudu wacabangisisa ukuthi eqophe uMvudla ozimangalisaya lozibonakilisayo. Wasephuma uFudu wathi, "Yimi engizamncitisa uMvudla, njalo ngizamtshiya ngimqobe!" Ezinye inyamazana zahleka zisithi uFudu uyadlala. Kwasekubekwa elanga lokuncitisana. Indlovu yahamba imemezela ngomboko wayo isithi, "Umcintiswano mahlabezulu, uzakuba ngoMsobhuluka, selibiza amabili! Umcintiswano phakathi loMvundla lo Fudu uzabe ujabulisa okwamagama! Buyanini ngobunengi benu, njengoba nje ngikhankasa!"

Ngelanga lomcintiswano uMvundla wabhonga, wazitshaya isifuba wathi, "Ngizamtshiya uFudu engaphindi edlale lami. Kakwazi uFudu ukuthi mina ngiyintshantshu emhlabeni? Uzayifunda ivalilwe!"

Bahlangana ngamabili, inyamazana zonke zathi gwaqa emncintiswaneni. Zihleka zisithi namhla kuhlangane utshi lo bhanqa. UMvundla wangena emcintiswaneni igijima esiyale lale etshengisa ubungcwethi bakhe bokugijima. UFudu wama emzileni ebambe iqolo engagqize qhakala. Owayelempembe yindlovu lomboko walo. UMvundla lo Fudu bama emzileni sebeqala ukuncintisana. Inyamazana zonke zathula zathi zwi. Indlovu yathi, "Qaphelani, siqala, Preeeeeeeee! UMvundla weqa, kanye wagijima ngokuphangisa. Wathi esephambili wabheka emuva wabona uFudu enyonyoba, kancane, kancane. Waqalisa ukuhwede ehleka uMvundla esithi lokhu yikudlalisa isikhatha. Wathola umthunzi endleleni wahlala phansi. Wajumeka ngobuthongo, walala. UFudu wabuya, wabona uMvudlana etshaya isithongwana, esehoqa. Wamedlula. Uthe uFudu esefika ekucineni, esechapha umzila, uMvudla waphaphama, wavuka, waphaphatheka, wazama ukugima ngesiqubu sakhe, wawa, wavuka wagima, uFudu wachapha umzila wanqoba. Izinyamazana zaklabalala zitshaya umpululu, zisithi, "UFudu yintshantshu, useqobile!" Indlovu yatshaya umboko wayo isithi, "UFudu yingqwele, umqobile uMvudla!" Inyamazana zonke zabuya zigijima zitshayela ihlombe uFudu, zimphakamisa. UMvundla wakhala kakhulu, ezisola ukuthi ulaleleni endleleni. Wazonda watubhula umlomo, wahle wayacatsha ezitshokotshokweni. Ufudu wanokwa isicoco sakkhe. Kuze kube lalamuhla, uMvundla kafuni ukuphumela egcekeni ehlangane lezinye izinyamazana ngenhloni yokuqotshwa nguFudu. Uhlala yedwa ecatshile elenhloni uphuma ebusuku.

Isifundo ngesokuthi ungahlali uzikhukhumeza ebantwini uzitshaya isifuba usithi ungumqeqetshi ongaphikiswayo. Ukuzikhukhumeza kuzakuwisa kwelinye ilanga. Hlonipha abanye abantu, uzehlise, ungazikhukhumezi. (Zehlise phambikwenkosi, yona izakuphakamisa ngesikhathi esifaneleyo, James 4:10). Qaphela empilweni uhloniphe abantu bonke jikele, ungadlulisi amalawulo.

www.ingramcontent.com/pod-product-compliance
Lightning Source LLC
Chambersburg PA
CBHW071349130626
46556CB00005B/2094